Lk 2 2438 (10, 1)

Paris
1912

Chevalier, Ulysse (éd.)

Chartes de Saint-Maurice de Vienne, de l'abbaye de Léoncel et de l'église de Valence

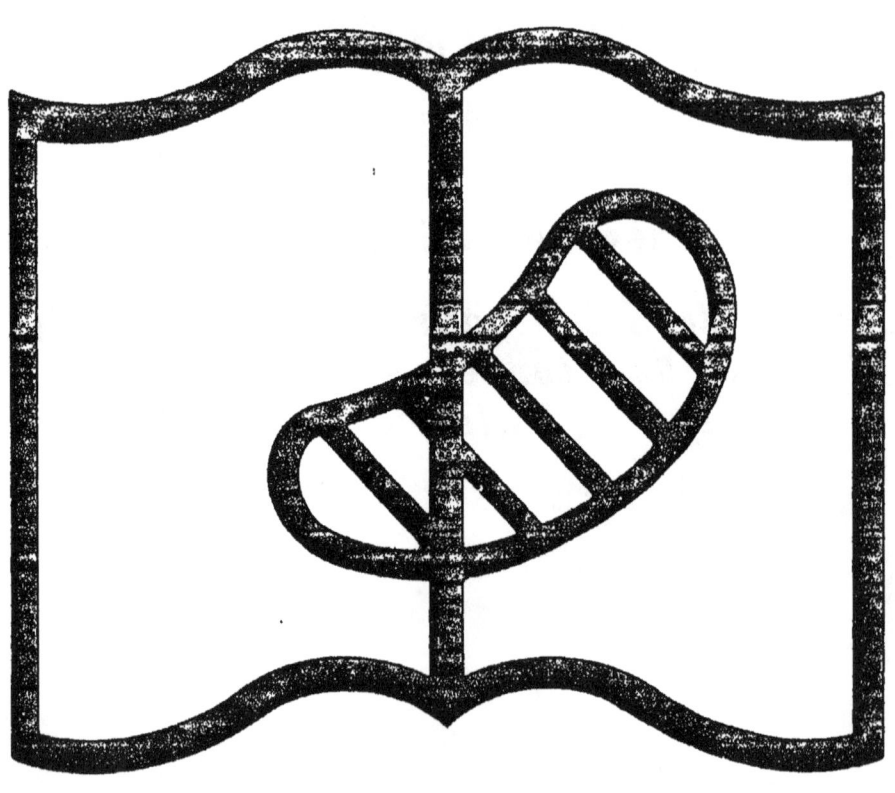

Symbole applicable
pour tout, ou partie
des documents microfilmés

Original illisible

NF Z 43-120-10

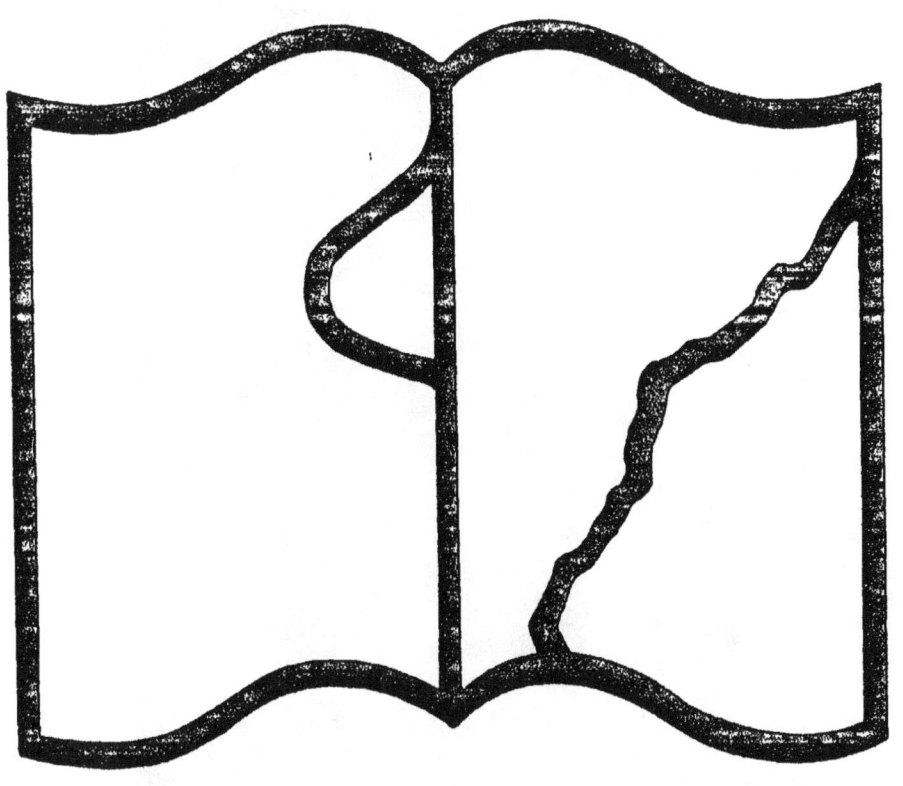

Symbole applicable
pour tout, ou partie
des documents microfilmés

Texte détérioré — reliure défectueuse

NF Z 43-120-11

COLLECTION DE CARTULAIRES DAUPHINOIS

TOME DIXIÈME. — PREMIÈRE LIVRAISON.

CHARTES

de Saint-Maurice de Vienne

de l'abbaye de Léoncel

et de l'église de Valence

Supplément aux recueils imprimés publié

par

Le Chanoine Ulysse CHEVALIER

Membre de l'Institut

PARIS
LIBRAIRIE ALPHONSE PICARD ET FILS
AUGUSTE PICARD, SUCCESSEUR
RUE BONAPARTE.

1912

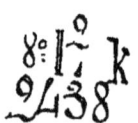

CHARTES

de Saint-Maurice de Vienne, de l'abbaye de Léoncel
et de l'église de Valence

COLLECTION DE CARTULAIRES DAUPHINOIS

TOME DIXIÈME — PREMIÈRE LIVRAISON

CHARTES

de Saint-Maurice de Vienne
de l'abbaye de Léoncel
et de l'église de Valence

Supplément aux recueils imprimés publié

par

Le Chanoine ULYSSE CHEVALIER

Membre de l'Institut

PARIS
LIBRAIRIE ALPHONSE PICARD ET FILS
AUGUSTE PICARD, SUCCESSEUR
82, RUE BONAPARTE, 82

1912

CHARTES

de Saint-Maurice de Vienne, de Léoncel
et de l'église de Valence

Supplément aux recueils imprimés

Ce supplément est dû à l'amabilité de mon distingué collègue à l'Académie de Lyon, M. Humbert de Terrebasse. Avec une générosité dont je ne saurais lui être assez reconnaissant, il a mis à ma disposition les manuscrits de son père, historien du roi Boson et érudit commentateur des Inscriptions de Vienne. J'y ai trouvé l'indication de deux manuscrits de la collection Gaignières à la Bibliothèque nationale, qui m'avaient échappé lorsque je publiai toutes les chartes de l'église de Saint-Maurice de Vienne venues à ma connaissance, d'abord (1869) en appendice au Cartulaire de Saint-André-le-Bas (p. 211-316, cf. 367-8 et 3*-36*), puis, en 1891, à la suite de la Description analytique du Cartulaire du chapitre de Saint-Maurice (p. 54-60), d'après le tome XII des Miscellanea de Chorier (ms.)

Ce n'est point ici le lieu de s'étendre sur les services que Robert de Gaignières a rendus aux érudits en transcrivant quantité de chartes du moyen âge (1). Les extraits qu'il a fait prendre des Cartulaires de Vienne, copiés sans doute

---

(1) Voir Léop. DELISLE, *Cabinet des manuscrits*, t. I, p. 335-56.

par son fidèle valet de chambre et secrétaire Barthél. Remy, sont datés de mai 1675 (f° 6).

Le ms. latin 17,049 de la Bibliothèque nationale a pour titre : Collection Gaignières, diverses églises et abbayes, 2 ; il renferme des extraits du *Cartulaire de Saint-André-le-Bas* au nombre de 20 (p. 559-65), et de celui de *Saint-Maurice de Vienne* au nombre de 50 (p. 567 à 580).

Plusieurs de ces copies se complètent à l'aide d'un autre volume de Gaignières, ms. franç. 22,243 de la même Bibliothèque : Généalogie de la maison de Clermont-Tonnerre, t. II, n° 924. Il a paru inutile de collationner les pièces déjà publiées avec leurs textes imprimés : ceux-ci, dus à d'excellents copistes comme Baluze et Secousse, ne laissant pas à désirer. Voici toutes les parties inédites du Cartulaire de Saint-Maurice, distribuées suivant l'ordre du manuscrit, avec indication du folio et du numéro de la Description analytique.

F° 6, n° 12.

~1084 –
~1117

Pactum quod fecit Siebodus, sancte Viennensis ecclesie Decanus, cum militibus de Crimiaco, scilicet Odtmaro, Gotafrido et Bornone, de villicacione territorii quod vulgo Maceu vocatur, in Viennensi pago. Villicacio supradicti territorii fuit Franconis Adalardi, grammatici filii ; quo mortuo, concessit eam Decanus supradictis militibus positis sub eorum tutela duobus filiis Francon(iu)s, videlicet Bornone et Ademaro, quia patris eorum fuerat et hii nepotes supradictorum. Hec autem concessio tutele tali condicione facta est, ut ipsi 12 annos obtineant ac deinde supradictis fratribus Bornoni et Ademaro in integrum reddant, et ulterius se nullatenus inde intromutan(i)t. Quod si infra 12 annos hii duo fratres mortui fuerunt, prefixus honor libere et quiete et sine omnium heredum calumnia Ecclesie remaneat, et Decanus supradictis militibus de pecunia ab eis accepta competitis placitum faciat, &cᵃ·

F° 31, n° 77.

Guido Bladinus miles, Aindricus frater ejus, Ermengardis uxor Guidonis, mense junii, regn...

F° 68, n° 165.

Reencus et Isarnus, filii Petri de Siuriaco, et filii Fulcherii, Aquinus et Guillelmus, et Placentia mater eorum et soror eorum et vir ejus Lantelmus, quidquid habebant in villa Causmontis, laudante Amedeo, a quo in feudo habebant, Sancto Mauricio dederunt. Guillelmus super altare B. Marie de Siuriaco. Testes Guillelmus archidiaconus, Imbertus de Bellagarda et Amedeus; de sacramento Isarni testes Girbertus sacrista et Umbertus de Ornaceo et Amedeus.

F° 71, n° 175.

Notum facimus quia filii Berardi de Ampusio, Barnardus, Durandus, Brunicardus et Artaldus, mansum de Verennay dant Sancto Mauritio. Et dimiserunt Andree de Sancto Georgio et uxori ejus Petronille, sorori sue, tenorem suum ad placitum definitum, etc. Sig. Guidonis Viennensis archiepiscopi, Rostagni prepositi, Siebodi decani, etc.

F° 72, n° 177.

Tempore Stephani archiepiscopi. Testes : Willelmus de Turre, Girbertus de Perau, Nantelmus de Revello, etc.

F° 72, n° 178.

Notum sit omnibus quod Guigo de Albaripa et Galterius de Balbeyo et Umbertus de Ponte in manu domni Stephani

Viennensis archiepiscopi concedunt et guirpiunt sine omni retinemento ecclesie S¹¹ Mauricii quicquid juris habebant in batentoriis de *Exauraur* et in appendiciis circumjacentibus, scilicet aquis, clausuris et terris. Testes sunt Amedeus de Claromonte decanus, W(ill)ᵘˢ archidiaconus, Girbertus archidiaconus, Amblardus sacrista, Nantelmus de Revello, Ugo Rufus, magister Rostagnus, Guigo de Turre, Rostagnus de Albaripa, Othgerius et Artaldus hospitalarii, Poncius de Saxeolo, Anselmus.

F° 72, n° 180.

Notum sit omnibus tam presentibus quam futuris, quod Yoceranhus de Farnay, post motam injuste controversiam de manso de Verennay, dereliquit et definivit quicquid penitus habebat in predicto manso Deo et ecclesie S¹¹ Mauricii et habitatoribus ejus in perpetuum, et nominatim Amblardo sacriste, qui mansum illum tenebat, et stipulatione subnixa promisit de ea re se nullam in perpetuum moturum controversiam. Hujus rei testes sunt Willelmus de Turre decanus, Guigo de Albaripa cantor, Willelmus de Faramanno archidiaconus, Nantelmus de Revello, Amedeus de Sᵗᵒ Georgio. Procuratores : Ugo Rufus, Ugo de Condreyo, Girinus Simphredi miles, Aymo de Fontanis miles.

F° 73, n° 184.

In nomine sancte, etc. Ego Hugo Viennensis archiepiscopus castrum de Malavalle, cujus ad ecclesie Sancti Mauritii pertinet alodium.., quod recognoscentes Artaldus ejusdem castri (de Malavalle) dominus, Godemarusque sororius ejus, cum Godemaro filio suo, juraverunt ut quocienscunque ecclesia S. Mauritii guerra vel gravis aliquod (...,) castrum et munitiones restitueret, etcᵃ.

F° 80, n° 199.

Notum sit ... Guillelmus de Candiaco, sancte ecclesie Viennensis canonicus, pro remedio animarum predecessorum meorum do Sancto Mauricio (...,) situm ad muros civitatis, etc². Sig. Petri decani, Guigonis precentoris, Guillelmi archidiaconi, Girberti thesaurarii, etc².

F° 80 v°, n° 200.

Notum facio omnibus hominibus quod ego Arbertus cognomento Garcinus, tam presentibus quam futuris, quod Willelmus frater meus misit in vadimonio pro ducentis solidis Ademaro de Moisiaco quandam vineam in valle Hortensi, circa ecclesiam Sanctorum Gervasii et Protasii sitam; unde et jam (= etiam) dicitur vinea Sancti Gervasii. Insuper sub obsidibus alios CCC. solidos debebat ei. Quos omnes Ademarus in testamento pro remedio anime sue Beato Mauricio in communia fratrum destinavit. Mortuo autem Ademaro, Willelmus supradictam vineam calumniatus est et canonici requisierunt ab eo quingentos solidos; sed tandem conventione inter eos facta, canonici supradictam pecuniam ei condonaverunt et ipse consilio suorum, videlicet Guidonis de Bergun et Raimundi et Ǥauceranni de Sancto Symphoriano, laudante et jam (= etiam) nepote suo Berilone de Candiaco, donavit ecclesie Sancti Mauricii et canonicis sine omni retentione prenominatam vineam, cum particula ejusdem vinee et orto Guigonis Marchii. Quam donationem ego Arbertus contradixi et calumniatus sum, q(uia) post mortem fratris mei eandem vineam michi hereditario jure contingere credebam. Postea, divino tactus amore, supradictam donationem fratris mei pro remedio anime mee et parentum meorum in manu Guidonis Viennensis archiepiscopi, presente Siebodo decano, Petro cantore, Ademaro et Willelmo archidiaconibus, Gilberto thesaurario, Humberto de Mirabello, Amedeo, Ysarno de Casnatis, cum consilio meorum, scilicet nepotis mei Berilonis de Albaripa, Hugonis de Casnatis, Fulcherii et Artaldi de Yllino, laudavi. Et totum quod in ipsa terra mei juris erat donavi 7. idus januarii. Nunc autem per hanc presentem cartam laudo et dono et confirmo super altare Sancti Mauricii, et contra omnes calumpniatores vel inquietatores secundum justiciam et rectitudinem omnibus diebus vite mee testem me futurum promitto. Ego Arbertus, qui hanc cartam fieri jussi, propria manu signavi. SS. Fulcherii. Ego Guido Viennensis archiepiscopus subscripsi. Si quis autem hanc donationem inquietaverit vel ab ecclesia alienaverit, excomunicetur et a Deo et a sancte matris Ecclesie gremio segregetur donec resipiscat et ad emendationem veniat. Huic autem donationi sive laudationi presentes fuerunt de canonicis. SS. Guigonis de Turre. S. Guigonis Marchisii. S. Bagonis. S. Ricardi. S. Amblardi. S. Ademari. S. Bosonis. S. Amedei. S. Willelmi de Casnatis. S. Petri cantoris. S. Willelmi archidiaconis. S. Gilberti thesaurarii. S. Humberti de Mirabello. Signum et incisio Garcini.

F° 81, n° 201

Iⁿ Dei nomine. Presidente domno Stephano Viennensi ecclesie, per manum Willelmi decani, emit communia fratrum de Poncio de Rossillone totum decimum de Bellaguarda, quod libere suum erat et in partem hereditatis ei contigerat, deditque ei communia 40 solidos Viennensis monete et 30 solid. duidis suis. Propter hoc laudavit et donavit quicquid in eisdem decimis habebat vel aliquis pro eo ecclesie Viennensi in perpetuum libere et quiete habendum et possidendum. Hoc laudavit ipse et uxor sua et filii sui Aimo et Girardus et Guigo, et Willelmus de Rossillone consanguineus ejus. Presentibus militibus suis Obtmaro

Riculphi et Olivario (= Otmaro) et Guigone de Rossillone. Factum est hoc per manum Willelmi decani Viennensis; presentibus canonicis Guigone d'Albaripa, Alamanno archidiacono, Amedeo cantore, Rostagno de Albaripa, Ugone Ruffo, Hectore de Ornaceu. Si quis autem hanc venditionem vellet infringere vel aliquam injuriam ecclesie Viennensi inferre, iram omnipotentis Dei eum dam(net) et ab. semper incurrat, et nostro anathemati Viennensis archiepiscopi se noverit subjacere.

F° 82, n° 205

Capitulum Viennen. emisse a Willelmo Blain milite dominium et pensionem vi. domorum in Cuveria, anno D. 1184. Sub testimonio et presentia Bernardi de Miribel et Bernardi Alamant archidiaconorum, Ademari de Bocosello, Guifredi de Ponte, canonicorum.

F° 82, n° 207

Anno Incarnationis Domini M.C.LXXXV, Berilo de Turre dedit et concessit Deo et Beato Mauritio quicquid juste vel injuste accipiebat in decima ecclesie de Biol, et jurejurando firmavit in manu Stephani de Turre sacerdotis se hanc donationem non violaturum et bona fide conservaturum. Presente Bernardo Alamant, ejusdem ecclesie obedientiario, a quo et idem Berilo pecuniam accepit. Testes G. Bachillins, Willelmus Dodonis, Bernardus de Stella, Humbertus de Canalibus, magister Poncius, Chabertus de Sancta Columba, Durandus de Claustro, Durandus sacrista, Durandus de Sancto Ferreolo, Drodo, Berilo Amblardi, Bonetus, Martinus Ferranz, Girardus de Olosia, Otmarus Bordet, Willelmus Revoiri, Borno Revoiri. Amedeus et de la Poipi do Vireu et filius ejus, idem dederunt et concesserunt et jure jurando firmaverunt in manu domini Roberti Viennen. ecclesie archiepiscopi, in Silva Benedicta, accepta pecunia a Bernardo Alamant. Testes sunt prior de Silva et frater Thedicus et frater Willelmus Gucegus et frater Ademarus de Altaripa. Arbertus quoque de Turre idem dedit et concessit ecclesie Viennens. in manu domini Roberti Vienn. archiepiscopi, in villa Sancti Theuderii, presente Bernardo Alamant et Sofredo Garnerii et Oliverio de Turre. Et Vienne idem concessit et jure jurando firmavit in manu Bernardi Alamant, a quo et C. sol. habuit, Willelmo Ministeriali et G. de Ponte et G. de Bachillin et St(ephano) de Turre presentibus.

F° 82 v°, n° 209

Canonici Sancti Mauricii, Bernardus de Miribel, obedientiarius Causellae, Boso decanus, Bernardus de Miribel, Berlio de Albaripa, Audemarus de Montecalvo, Bernardus Alamandi archidiaconus, Audemarus de Bozosello, Albertus de Lusennai, Poncius Martel, Bertrannus de Macello. 1179.

F° 83 v°, n° 214

Ismido de Cordon, Bernardus de Miribel, Guiffredus de la Fornathi, Arbertus de Illino, 1191.

F° 84, n° 217

Girbertus de Vernosc archipresbiter, Aldemarus de Montecalvo, Arnaudus de Dolveu, Willelmus de Saxeolo, Arnulfus frater ejus. Testes : Guigo de Vernosc, etc. 1190.

F° 84, n° 219

Guillelmus de Cuveria dedit terram de Commennay pro anima sua, p(atris) et m(atris) et fratris sui Sigismundi.

F° 84 v°, n° 220

Sciant universi Artaldum et Poncium de Rossilione, fratres, obligasse in M. sol. domino R(oberto) Viennensi archiepiscopo et Bornoni decano et capitulo custodiam ville, etc². Obsides sunt Vienne Asterius de Anjo, et Jofredus et Petrus de Suireu, et Ascherius et Berlinus Gago, et Falco de Corp et Petrus Guichardi, et Guigo de Corp; dominus quoque R(obertus) archiepiscopus et Arbertus de Turre et Ademarus de Breisseu, responsores. An. 1192. In presentia Bornonis decani, Guigonis Ervisii et Ismidonis de Cordon, Guiffredi Bachillin, Arberti de Villa, Johannis Chalvet, Falconis de Palatio, Ugonis de Malaval, Isardi de Montbreton, Ademari de Farnay.

F° 84 v°, n° 221

Sciant omnes quod Girardus de Bastarnay concessit ecclesie Viennensi LX. sol. quos exigebat super decimam de Trinneu; et super sacrosancta juravit se nichil deinceps ibidem exacturum. Testes sunt Amedeus de Altaripa, Berillo Armanz, Soffredus de Ay, Vitalis de Trinneu. Anno Incarnati Verbi M°C°LXXXX°IIII°.

F° 85, n° 223

Noverint universi Berilonem de Altaripa dedisse Deo et Beato Mauricio et Bornoni de Voiron decimam de Trinneu, assensu et voluntate uxoris sue et fratris sui Willelmi et filiorum ejusdem Berilonis; receptis inde C. solidis ab jamdicto Bornone. Testes sunt Aynardus de Moyrenc, Guigo Ervisii archidiaconus, Hugo de Peiladru, Petrus Valeri, capellanus Sancti Georgii.

F° 85 v°, n° 225

Sciant universi Guigonem de Faramanz, vocatus lo Vallez, dedisse partem suam villicationis de Faramanz, si forte sine prole decederet, an. 1195; in presentia domini Bornonis decani et Guigonis d'Ornaceu, obedientiarii de Faramant.

F° 85 v°, n° 227

Anno 1196, capitulum emit a Guillelmo paner 9. sex. terrae apud Costas, etc. Fidejussores Jofredum Paner, Richardum Paner, Guillelmum de Illino et Sofridus de Illino et Guigo de Moras, fidejussores.

F° 85 v°, n° 228

Eodem anno, emit a Milone de Sancto Simphoriano vineam, in presentia Bornonis de Lanc et Guigonis d'Ornaceu, archidiaconorum, Guigo de Saxeolo.

F° 86, n° 229

Anno 1196, ecclesia Vien. emit a Leothardo de Pinet quidquid habebat in villa de Charantonnay, etc. Antelmus de Bellagarda, Hugo de Bellagarda. Testes : dominus Burno decanus, Bernardus de Miribel, Ervisius de Belveer, Guillelmus Rostanz.

F° 86, n° 230

Eodem anno, Guigo de Reventin miles dedit quidquid accipiebat apud Reventin nomine decime. Juravit et filius ejus.

F° 86, n° 231

Eodem anno, Guido de Moras et Galterius Gilbergi vendiderunt jus in terra Sancti Clari. Hanc venditionem concesserunt Naybelina et 3 sorores Galteri.

F° 86, n° 232

Eodem Incarnationis anno, ecclesia Viennensis emit a Bartolomeo d'Albon 21. den. annuos in burgo Fuscini, datis inde vii. libris. Filius ejus Guigo concessit. Testes sunt Berilo de Altaripa et Guitfredus et Girbertus, procuratores.

F° 86 v°, n° 237

Anno 1197, Aynardo archiepiscopo. Ecclesia emit ab Antelmo de Monterotundo quartam partem nundinarum, etc. Guichardus de Montagneu.

F° 86 v°, n° 238

Eodem anno, Rostagnus de Chalaisin obligavit 6. partem decime de Evillin. Vivianus de Revel fidejussor.

F° 86 v°, n° 239

Eodem anno, Guigo de Sancto Genesio obligavit domum suam et censum putei.

F° 87, n° 244

Eodem anno, Guillelmus de Peladru concessit decimas, Beatrice uxore ejus et Artoldo et Guitfredo filiis concedentibus. Testes : Guillelmus de Sancto Desiderio, Guigo d'Undreu, capellanus de Sancto Desiderio.

F° 87, n° 245

Eodem anno, Guigo d'Undreu concessit jus suum in decimis Sancti Petri, receptis 21 libr. a domino Bornone decano. Domina Serra, uxor Berillonis fratris ejus, et domina Maria, uxor Amedei fratris ejus, concesserunt ; et juramento firmaverunt Guillelmus de Peladru et Artoldus et Guitfredus, filii ejus.

F° 87 v°, n° 248

Anno 1202, Aymo de Bozosel et filii ejus Berilo et Humbertus et Arbertus donaverunt, laudaverunt et concesserunt quidquid accipiebant in decima Sancti Ylarii. Testes : dominus Burno decanus, B. archidiaconus, Ismido de

Cordun, Berilo de Bocosel, Guillelmus de Mota, Drodo de Belveer, Guigo de Sancto Georgio, Guitfredus de Bachillin, Berilo de Albaripa, Guigo Vaca, Guillelmus d'Ay, Burno de Berguin, Ervisius de Belveer, Durandus de Sancto Ferreolo.

F° 87 v°, n° 249

Anno 1202, mense augusti, domnus Aymo de Bocosel, laudantibus et consentientibus filiis suis Berilone canonico et Humberto, dedit quidquid juris habebat in castro de Rochi cum ipso castro et mandamento, Aymoni filio suo. Quo facto, ipse Aymo filius concessit et dedit ipsum castrum, presentibus Burnone de Voyron decano, Endrico de Peladru, Drodone Roveri, Burnone de Bergun, Petro de Arenis, sacrista, canonicis, et Hugone Malet milite.

F° 88, n° 250

Anno 1202, Guitgerius de Portu donavit molendinum.

F° 88, n° 251

Eodem anno, Oliverius de Pinet, miles, donavit quidquid habebat in villa de Vitroc.

F° 88, n° 252

Eodem anno, Valetus de Ornaceu, miles, obligavit in 300 sol. ecclesie Viennensi 8 sextaria annone annua, que habebat super terras Sancti Mauricii, apud Faraman. Hanc gatzeriam concessit ecclesia Viennensis Bornoni de Altomonte; que defuncto, revertetur ad ecclesiam. Testes : dominus Burno decanus, Guitfredus cantor, Borno de Lanz et Villelmus de Mota et Guitfredus Bachillins, archidiaconi, Berilo de Bocosel, Drodo de Belveer, Ismido de Cordun, Berilo d'Albaripa, Evisius de Belveer, Willelmus de Veterivilla.

F° 88 v°, n° 253

Sciant universi ecclesiam Vienn. emisse a Guillelmo Dudin, milite, et fratre ejus quidquid juris habebant in parrochia de Faramant, anno 1203. Testes : Guitfredus cantor, Petrus de Arenis sacrista, Guillelmus de Mota, Guitfredus Bachillins, archidiaconi, Ismido de Cordon, Drodo de Belveer, Berilo de Bocosel, Drodo Revoiri, Guigo de Sancto Georgio, Johanne de Sancto Germano, Burno de Berguin, Hendricus de Peladru, Ervisius de Belveer, Guillelmus de Veterivilla, Petrus de Miribel, Petrus Franceis, Girbertus de Moras, Stephanus Jofredi, Guigo de Vernoso, Arbertus de Illino, Guigo de Ariete.

F° 88 v°, n° 254

Notum sit presentibus et futuris, quod anno Incarnati Verbi millesimo ducentesimo tertio, Guillelmus de Claromonte dedit beato Mauritio et archiepiscopo Aynardo et ejus succesoribus quidquid habebat vel habiturus et quocumque modo in castro de Claromonte et mandamento, et in castro Sancti Georii de Vaudania et mandamento, et in castro de Crepolo et mandamento, et etiam quidquid acquireret in his castris et mandamentis ; et pro hac donatione habuit predictus Guillelmus quatuor millia solidorum Viennentium monete ab archiepiscopo et canonicis Sancti Mauritii. Archiepiscopus vero et canonici Sancti Mauritii concesserunt eidem Guillelmo castra predicta et mandamenta possidere ab ipsis, talli pacto quod ipse homin[i]um ligium faceret pro hiis ecclesiæ et cuilibet archiepiscopo Viennensi, et fidelitatem juraret ; et quod ad petitionem archiepiscopi vel canonicorum, omni cessante dilatione, redderet castra ista vel quandocumque horum ipsi peterent, et inde possent facere placitum et guerram ad libitum suum ; in pacto etiam est quod unus solus filiorum Guillelmi dominium horum castrorum debet habere ; qui, ante quam habeat, hominium ligium et fidelitatem debet facere et jurare quod omnia supradicta bona fide faciat et attendat. Archiepiscopus et canonici tenentur Guillelmo quod nunquam alicui dominium horum castrorum possint dare vel vendere, nec de jure nec de facto ab ecclesia Viennæ allienare; quod si forte ipsi facerent et revocare nollent, Guillelmus vel qui fuerit heres pro eo liber esset et absolutus ab hominio et in omni pacto. Si vero necessitate urgente Guillelmus voluerit reddere aliquod horum vel omnia hæc castra, archiepiscopus et canonici debent accipere et bona fide custodire et de suo expensas facere. Eodem die quo fuit hoc actum, hominium ligium fecit et fidelitatem, et juravit quod omnia hæc bona fide semper faceret et custodiret. Postea, anno incarnati Verbi millesimo ducentesimo octavo, pridie calendas januarii, in fornello archiepiscopi, quod est juxta ecclesiam Beatæ Mariæ, ipse Guillelmus conventus ab archiepiscopo Humberto et canonicis, ut usagia que fecerat et debebat ecclesie faceret et recognosceret hominium ligium, fecit et fidelitatem Humberto Viennensi archiepiscopo et ecclesie, et supradicta omnia recognovit, presentibus infra scriptis quorum nomina hic sunt scripta : Guillelmus decanus, Hismodo cantor, Desiderius archidiaconus, Guiffredus de Basilin, Anderius Burno, Guillelmus d'Ai, Petrus de Miribel, Guillelmus de Mota, Guillelmus Isavey, Petrus de Boteon, Drodo Rovori, Anselmus Martinus de Elemosina, Petrus Magnis, Petrus de Moras, Petrus du Pinet, Joannes Chalvet, Saturninus, Bertrannus, Stephanus, Albertus Falane et Petrus Armans, milites.

CHARTES DE L'ABBAYE DE LÉONCEL

C'est encore à M. de Terrebasse que j'ai dû l'indication de la présence de quatre chartes de cette abbaye dans le cabinet de M. Vital Berthin, à Beaurepaire, et à son efficace intervention le prêt qu'en a bien voulu consentir leur heureux propriétaire, que je prie d'agréer ici l'expression de ma reconnaissance pour sa bienveillante complaisance.

I

Bulle du pape Innocent II

Latran, 4 janvier 1141/2.

L'original, en parchemin, mesure trente-cinq centimètres et demi en largeur sur trente-six en hauteur. La première ligne du texte et les trois Amen de la fin sont en majuscules. A gauche de la signature du pape les deux cercles concentriques; dans l'intérieur, Sc̄s Petrus, Sc̄s Paulus; Inno | centivs | papa | II. Pend encore la bulle en plomb au type invariable, de trente-quatre millimètres de diamètre : S. P. A., S. P. E., Inno | centivs | papa | II. Au dos : Privilegium de confirmatione possessionum et decimis laborum non dandis.

Variantes au texte publié dans mon Cartulaire de Léoncel *(1869), p. 1, ligne 10,* commonimus; 23, Jhesu Xpisti; *p. 2, l. 2,* Jhesu Xpisti, quatinus; 5 etc., ss.; 9, Bachi; 17, M°.C°.XL°I°.

II

Bulle du pape Eugène III

Cluny, 26 mars 1147.

L'original en parchemin mesure trente-huit centimètres en largeur sur quarante-deux en hauteur. Les lignes du texte sont au nombre de 19 ; la première et les trois Amen de la fin sont en majuscules. A gauche de la signature du pape, dans les deux cercles concentriques, sa devise : Fac mecum, Domine, signum in bonum ; *dans l'intérieur :* Scs Petrus | Scs Paulus | Euge | nius | papa III. *A droite le monogramme* Benevalete. *Au dos :* De laboribus vel nutrimentis animalium, decimis non dandis.

Variantes au texte du même Cartulaire : p. 5, l. 6, Genitris (sic) ; *21* Humbaldus.

III

Diplôme de l'empereur Frédéric I

Valence, 9 août 1177/8.

L'original en parchemin mesure quarante centimètres en largeur sur quarante-six en hauteur. Les lignes sont au nombre de 20 ; la première et le Signum sont en majuscules. A droite de la signature le monogramme. Au bas, pend un fragment de sceau en cire blanche sur lacs de soie rouge. Au dos : Carta imperatoris Frederici, *et autres sommaires.*

Variantes au texte du même Cartulaire : p. 34, l. 1, Fridericus ; *14, p. et t. ; 19,* Coonerio ; *20,* Paladangis ; *21,* Cumba Calida ; *22,* Lutosam et montaniam de Muison... Scarcaleveis ; *25,* benivolentia ; *27,* theloneum ; *p. 35, l. 8,* Ruotbertus ; *11 et 15,* Friderici ; *12,* Ruotberti ; *17,* Valentia.

IV

Bulle du pape Innocent III

Latran, 1er juillet 1201.

L'original en parchemin mesure cinquante-neuf centimètres et demi en largeur sur soixante-douze en hauteur. Les lignes sont au nombre de 49; la première et deux Amen sont en majuscules. A gauche de la signature du pape, les deux cercles concentriques, entre lesquels sa devise : † Fac mecum Domine, signum in bonum. *A droite, le monogramme* Benevalete. *Au milieu pend la bulle en plomb, de trente-sept millimètres de diamètre, sur fils de soie rouge et jaune ; inscription ordinaire. Au dos :* Privilegium papale, quod papa recipit in sua protectione monasterium nostrum, grangias et privilegiat de decimis non dandis. *Abrégé latin dans le Cartulaire, p. 70-1.*

INNOCENTIUS EPISCOPUS, SERVUS SERVORUM DEI, DILECTIS FILIIS BERNARDO ABBATI MONASTERII ECCLESIE SANCTE MARIE LEONCELLI ; EJUSQUE FRATRIBUS TAM PRESENTIBUS QUAM FUTURIS REGULAREM VITAM PROFESSIS, IN PERPETUUM. Religiosam vitam eligentibus apostolicum convenit adesse presidium, ne forte cujuslibet temeritatis incursus, aut eos a proposito revocet, aut robur quod absit sacre religionis infringat. Eapropter, dilecti in Domino filii, vestris justis postulationibus clementer annuimus et prefatum monasterium sancte Dei Genitricis et virginis Marie de Leoncello, in quo divino estis obsequio mancipati, sub beati Petri et nostra protectione suscipimus et presentis scripti privilegio communimus. In primis siquidem statuentes, ut ordo monasticus, qui secundum Deum et beati

Benedicti regulam atque institutionem Cistercientium fratrum in eodem loco institutus esse dinoscitur, perpetuis ibidem temporibus inviolabiliter observetur. Preterea, quascumque possessiones, quecumque bona idem monasterium inpresentiarum juste et canonice possidet, aut in futurum concessione Pontificum, largitione Regum vel Principum, oblatione fidelium seu aliis justis modis, prestante Domino, poterit adipisci, firma vobis vestrisque successoribus et illibata permaneant. In quibus hec propriis duximus ex(p)rimenda vocabulis : locum ipsum in quo prefatum monasterium situm est, cum omnibus pertinentiis suis; territorium Sancti Romani, cum appenditiis suis; Cumbam Calidam, cum appenditiis suis; Vallem Lutuosam, cum appenditiis suis ; pascua de Muson; pascua de Ambel, cum appenditiis suis; grangiam de Coogivo (1), cum appenditiis suis; grangiam de Palaranges, cum appenditiis suis; grangiam de Wlpa, cum appenditiis suis; domum Partis Dei, cum appenditiis suis; cellarium de Perutz, cum appenditiis suis; cellarium de Santo Juliano, cum appenditiis suis; grangiam de Lentio, cum appenditiis suis. Sane laborum vestrorum, quos propriis manibus aut sumptibus colitis, tam de terris cultis quam incultis, sive de ortis et virgultis et piscationibus vestris, vel de nutrimentis vestrorum animalium, nullus a vobis decimas exigere vel extorquere presumat. Liceat quoque vobis clericos vel laicos, liberos et absolutos e seculo fugientes, ad conversionem recipere et eos absque contradictione aliqua retinere. Prohibemus insuper ut nulli fratrum vestrorum, post factam in monasterio vestro professionem, fas sit sine abbatis sui licentia de eodem loco discedere, discedentem vero absque communium litterarum

---

(1) Il semble y avoir un signe d'abréviation sur l'i de ce mot (voir le *Dictionnaire topographique de la Drôme*, par BRUN-DURAND, v° Conier (le).

vestrarum cautione nullus audeat retinere. Quod si quis forte retinere presumpserit, licitum sit vobis in ipsos monachos sive conversos vestros regularem sententiam promulgare. Illud districtius inhibentes, ne terras seu quodlibet beneficium ecclesie vestre collatum liceat alicui personaliter dari, sive alio modo alienari absque consensu totius capituli, vel majoris aut sanioris partis ipsius. Si que vero donationes vel alienationes aliter quam dictum est facte fuerint, eas irritas esse censemus. Ad hec etiam prohibemus ne aliquis monachus sive conversus sub professione vestre domus astrictus, sine consensu et licentia abbatis et majoris partis capituli vestri pro aliquo fidejubeat vel ab aliquo pecuniam mutuo accipiat ultra precium capituli vestri providentia constitutum, nisi propter manifestam domus vestre utilitatem. Quod si facere presumpserit, non teneatur conventus pro hiis aliquatenus respondere. Licitum preterea sit vobis in causis propriis, sive civilem sive criminalem contineant questionem, fratrum vestrorum testimoniis uti, ne pro defectu testium jus vestrum in aliquo valeat deperire. Insuper auctoritate apostolica inhibemus, ne ullus episcopus vel alia quelibet persona, ad sinodos vel conventus forenses vos ire vel judicio seculari de propria substantia vel possessionibus vestris subjacere compellat, nec ad domos vestras causa ordines celebrandi, causas tractandi vel conventus aliquos publicos convocandi venire presumat, nec regularem electionem abbatis vestri impediat, aut de instituendo vel removendo eo qui pro tempore fuerit contra statuta Cisterciensis ordinis se aliquatenus intromittat. Si vero episcopus, in cujus parrocia domus vestra fundata est, cum humilitate ac devotione qua convenit requisitus substitutum abbatem benedicere et alia que ad officium episcopale pertinent vobis conferre renuerit, licitum sit eidem abbati, si tamen sacerdos fuerit, proprios novitios benedicere et alia que ad officium suum pertinent exercere, et vobis omnia ab alio episcopo percipere que a vestro fuerint indebite denegata. Illud adicientes ut in recipiendis professionibus, que a benedictis vel benedicendis abbatibus exhibentur, ea sint episcopi forma et expressione contenti que ab origine ordinis noscitur instituta; ut scilicet abbates ipsi, salvo ordine suo, debeant profiteri et contra statuta ordinis sui nullam professionem facere compellantur. Pro consecrationibus vero altarium vel ecclesiarum, sive pró oleo sancto vel quolibet alio ecclesiastico sacramento, nullus a vobis sub obtentu consuetudinis vel alio quolibet modo quicquam audeat extorquere; sed hec omnia gratis vobis episcopus diocesanus impendat. Alioquin liceat vobis quemcumque malueritis catholicum adire antistitem, gratiam et communionem apostolice sedis habentem, qui nostra fretus auctoritate vobis quod postulatur impendat. Quod si sedes diocesani episcopi forte vacaverit, interim omnia ecclesiastica sacramenta a vicinis episcopis accipere libere et absque contradictione possitis : sic tamen ut nullum ex hoc prejudicium propriis episcopis in posterum generetur. Quia vero interdum propriorum episcoporum copiam non habetis, si quem episcopum, Romane sedis ut diximus communionem habentem, et de quo plenam notitiam habeatis per vos transire contigerit, ab eo benedictiones vasorum et vestium, consecrationes altarium, ordinationes monachorum auctoritate apostolice sedis recipere valeatis. Porro si episcopi vel alii ecclesiarum rectores in monasterium vestrum vel personas inibi constitutas suspensionis, excommunicationis vel interdicti sententiam promulgaverint, sive etiam in mercenarios vestros, pro eo quod decimas non solvitis, sive aliqua occasione eorum que ab apostolica benignitate vobis indulta sunt, seu benefactores vestros pro eo quod aliqua vobis beneficia vel obsequia ex caritate prestiterint vel ab laborandum adjuverint in illis diebus in quibus vos laboratis et alii feriantur, eandem sententiam protulerint, ipsam tanquam contra sedis apostolice indulta prolatam duximus irritandam, nec ulle littere firmitatem habeant quas tacito nomine Cisterciensis ordinis et contra tenorem apostolicorum privilegiorum constiterit impetrari. Paci quoque ac tranquillitati vestre paterna in posterum sollicitudine providere volentes, auctoritate apostolica prohibemus ut infra clausuras locorum seu grangiarum vestrarum nullus rapinam seu furtum facere, ignem apponere, sanguinem fundere, hominem temere capere vel interficere, seu violentiam audeat exercere. Preterea omnes libertates et immunitates a predecessoribus nostris Romanis pontificibus ordini vestro concessas, nec non et libertates et exceptiones secularium exactionum à Regibus et Principibus vel aliis fidelibus vobis rationabiliter indultis, auctoritate apostolica confirmamus et presentis scripti privilegio communimus. Decernimus ergo ut nulli omnino hominum liceat prefatum monasterium temere perturbare aut ejus possessiones auferre, vel ablatas retinere, minuere seu quibuslibet vexationibus fatigare ; sed omnia integra conserventur eorum pro quorum gubernatione ac sustentatione concessa sunt usibus omnimodis profutura, salva sedis apostolice auctoritate. Si qua igitur in futurum ecclesiastica secularisve persona hanc nostre constitutionis paginam sciens contra eam temere venire temptaverit, secundo tertiove commonita, nisi reatum suum congrua satisfactione correxerit, potestatis honorisque sui careat dignitate, reamque se divino judicio existere de perpetrata iniquitate cognoscat, et a sacratissimo Corpore ac Sanguine Dei et Domini Redemptoris nostri Jhesu Xpisti aliena fiat, atque in extremo examine districte ultioni subjaceat. Cunctis autem eidem loco sua jura servantibus sit pax domini nostri Jhesu Xpisti, quatinus et hic fructum bone actionis percipiant et apud districtum judicem premia eterne pacis inveniant. AMEN. A....N. AMEN.

† Ego Innocentius, catholice ecclesie episcopus, s(ub)-s(cripsi).
Ego Johannes, Albanen episcopus ss.

Ego Pandulfus basilice XII Apostolorum presbiter card. ss.
Ego Petrus tt. Sancte Cecilie presb. card. ss.
Ego Jordanus Sancte Puden. tt. Pastoris presb. card. ss.
Ego Hugo presb. card. Sancti Martini tt. Equitii ss.
Ego Soffredus tt. Sancte Praxedis presb. card. ss.
Ego Cencius presbr. card. Sanctor. Johannis et Pauli tt. Pamachii ss.
Ego Gregorius tt. Sancti Vitalis presbr. card. ss.
Ego Petrus tt. Sancti Marcelli presbr. card. ss.
Ego Gratianus Sanctor. Cosme et Damiani diac. card. ss.
Ego Gerardus Sancti Adriani diac. card. ss.
Ego Gregorius Sancte Marie in Porticu diac. cárd. ss.
Ego Gregorius Sancti Georgii ad Velum Aureum diacon. card. ss.
Ego Hugo Sancti Eustachii diac. card. ss.
Ego Matheus Sancti Theodori diacon. card. ss.

Dat. Lateran. per manum Blasii, sancte Romane ecclesie subdiaconi et notarii, kl. julii, indictione quarta, anno dominice Incarnationis M°. CC°. I°, pontificatus vero domini Innocentii pp III anno quarto.

CHARTES DES ÉGLISES DE VALENCE ET DIE

Les originaux des quatre documents qui suivent sont également la propriété de M. Berthin, qui les a libéralement mis à ma disposition.

V

Diplôme de l'empereur Frédéric I

Besançon, 23 novembre 1157.

L'original en parchemin mesure quarante-et-un centimètres en largueur sur cinquante-deux en hauteur. Les lignes sont au nombre de 27, dont la première et le Signum en majuscules. A droite de la signature, le monogramme de l'empereur. Trace de sceau pendant sur lacs de soie rouge. Au dos : Privilegium imperatoris super facto ecclesie Valentin. datum dño Odoni episcopo Valencie a dño Friderico primo, anno Domini M°C°L°VII°. Texte incorrect publié par Barth. HAURÉAU, dans Gallia christiana nova, t. XVI, instr. c. 103-5.

·C· IN NOMINE SANCTE ET INDIVIDUE TRINITATIS, FRIDERICUS DIVINA FAVENTE CLEMENTIA ROMANORUM IMPERATOR ET SEMPER AUGUSTUS. Privilegia que generalibus constitutionibus universis sacrosanctis ecclesiis ortodoxe religionis retro principes presterunt, firma ac illibata in perpetuum volumus custodiri.

Precipue autem earum ecclesiarum, que sub jure ac dominio Romani imperii consistunt, commoda debemus considerare, incommoda abolere, ne pro gravi incommoditate sua neglecte vilescant, vel qualibet nacta occasione, debita sollempnitate careant. Noverit igitur omnium Xpisti imperiique nostri fidelium, tam presens etas quam successura posteritas, quantis honoribus progenitores nostri divi Reges et Imperatores Valentinam ecclesiam sublimaverint, quam largis beneficiis ditaverint, beate considerantes, eam incongrue Valentiam appellari nisi ex imperialis munificentie beneficiis et prerogativa dignitatis plurimum eam valere constaret. Venientem itaque ad curiam nostram Odonem ejusdem ecclesie venerabilem episcopum, debita honorificentia suscepimus et consueta benignitate tractavimus ; acceptaque ab eo debita fidelitate et hominio, de omnibus Regalibus et universis possessionibus que tam antiquo quam moderno tempore visa est habere Valentina ecclesia, plenarie eum investivimus. Concessimus itaque prefato episcopo, et per eum omnibus successoribus suis inperpetuum, civitatem Valentinam et quicquid infra ambitum ejus continetur vel extra. Comitatum videlicet, ecclesias, abbatias, monasteria cum omnibus possessionibus eorum, forum, mercatum, duella, monetam, naulos, thelonea, pedagia, castra, castella, villas, vicos, areas, servos, ancillas, tributarios, decimas, foresta, silvas, venationes, molas, molendina, aquas, aquarumque decursus, campos, prata, pascua, terras cultas et incultas, et commune forum agentium et sustinentium causas tam civiliter quam criminaliter, et quasdam alias possessiones quas propriis vocabulis duximus exprimendas : castrum videlicet Alexiani cum appendiciis suis, castrum Montilisii cum appendiciis suis, castrum Montilii Lathgerii cum appendiciis suis, castrum Balme cum appendiciis suis, villa Finciaci cum appendiciis suis, castrum Liberonis cum appendiciis suis, castrum Aureoli cum appendiciis suis, Castellum Novum, Castellum Dupplum, castellum Montis Veneris, castellum de Stella, castellum Alisii, castellum Saonis. In supradictis vero omnibus et in toto episcopatu ordinariam prefato episcopo concedimus jurisdictionem. Decernimus quoque et omni evo mandamus observandum, ne quis hominum a flumine Ysare usque ad castrum Montilii, et a castro Crestri usque ad villam de Supdione, et in episcopatu suo, pedaticum accipere presumat. Ceterum ut pravas consuetudines ratio vincat, et il[licitos usus legum solvat auctoritas, imperiali auctoritate in pos]terum interdicimus, ne aliquis baronum Valentini episcopatus habeat facultatem beneficium Regni vel ecclesie alienare, vel in alterius dominium transfunder[e : nam quod factum est in i]rritum revocamus, et si deinceps factum fuerit, legis vigore carebit. Ne vero supradicta omnia aliqua valeant refragatione convelli, sed debita stabilitate Valentine ecclesie debeant permanere inconvulsa, omne auctoritatis nostre robur accommodamus, et presentis privilegii munimine sepedicte ecclesie confirmamus, salva per omnia imperiali justicia. Nulla igitur in supradictis omnibus infestatio tyrannorum seviat, nulla potestas ibi per violentiam irruat, nullus comes aut judex legem in his facere presumat, preter Valentinum episcopum. Sit illa civitas Valentina et totus episcopatus liber ab omni extranea potestate, quatinus ibidem Deo famulantes, et primi constructoris memoriam digne celebrare, nosque fautores et corroboratores possint et velint Deo sedulis precibus commendare. Ut autem huic nostre confirmationi nichil debite valitudinis deesse debeat, testes ydoneos adhiberi fecimus, quorum nomina hec sunt : Humbertus Bisuntinus archiepiscopus, Gaufredus Avinionensis episcopus, Matheus dux Lotharingie, Udalrichus comes de Lenceburch, comes Stephanus, comes Hugo de Tagesburch, Walcherus de Salins, Odo Campaniensis.

SIGNUM DOMINI FRIDERICI ROMANORUM IMPERATORIS INVICTISSIMI

Ego Reinaldus cancellarius, vice Stephani Viennensis archiepiscopi et archicancellarii, recognovi. Datum Bisuntii, VIIII. kal. decembris, indictione Vᵃ, anno dominice Incarnationis M°.C°.L°.VII°, regnante domino FRIDERICO Romanorum imperatore gloriosissimo, anno regni ejus VI°, imperii vero III°.

VI

CESSION DE L'ÉGLISE DE BOUVANTES

Lyon, 10 février 1189/90.

L'original en parchemin, d'une grosse écriture, est encore pourvu de ses six sceaux, dont voici les légendes :

† JOHANNES DEI GRATIA [ECCLESIE LUGDUNE]NSIS ARCHIEPISCOPUS

    Contre-sceau : JOHANNES DEI GRACIA LVGDVN... HIEPISCO...

† SIGILLVM C[PLI] DIENSIS E[CCLESIE]

† SIGILLVM PETRI ABBATIS SCI BENIGNI DIVION

† SIGILLVM [SC]I BENIGNI BVRGVNDIONI CAPLI.

† SIGILLVM ROTBERTI [DIENSIS EPI]SCOPI

† [SIG. ROTBERTI VIE]NNE ARCHIEPISCOPI

Quoniam pro varietate locorum, temporum et personarum citius oblivione deletur quod scripto memoriali non deffenditur, futurorum omnium posteritas seculorum certissime noverit quod ego Petrus, Sancti Benigni Divion. abbas, et capitulum nostrum, quoniam in persona nostra ire non potuimus, venerabilem fratrem nostrum Galterium, camerarium et prepositum domus nostre Lugduni, misimus auctoritate nostra super his que sequuntur ei plenissime aconmodata. Veniens itaque Lugdunum, presentibus et assensum suum prebentibus dominis et venerabilibus archiepiscopis Johanne Lugdun. et Roberto Viennensi, resignavit ecclesiam Sancti Petri de Bovanty, cum omnibus spiritualibus ad se pertinentibus, domino Rotberto Diensi episcopo et ecclesie illius, per manum jam dicti archiepiscopi Viennen., cui memoratus Diensis episcopus, Jherosolimam iturus, episcopatum suum commendaverat. In hac prenominata ecclesia, longius a nostra societate remota, non nisi unus monachus minus regulariter sustentari solebat. Nos itaque honestati et religioni consulentes, maluimus ecclesiam illam a suo episcopo canonice ordinari quam in periculo animarum nostrarum eam irregulariter retinere. Ecclesia vero, ut dictum est, cum omnibus spiritualibus ad se pertinentibus suo episcopo in integrum resignata, possessiones omnes quas fratres nostri quocumque titulo in territorio de Bovanty adquisierant, et quas ipsi vel alii ab ipsis tenebant et quarum eciam commancium (?) laici homines habere poterant, vineam quoque apud Auriolum, fratribus Cartusie qui nunc sunt et futuri sunt in Valle Sancte Marie, intuitu religionis et ut meliora domui nostre provideremus, predictus frater et camerarius noster, sub pretio .C. et XII. marcarum argenti tradidit habendas et possidendas in perpetuum. Occasione nempe possessionum nostrarum fratres predicte Vallis Sancte Marie multa se inconmoda sustinere dicebant, tum in frequenti transitu virorum ac mulierum per terminos suos, tum in frequentibus litigiis pastorum suorum et hominum nostrorum. Acta sunt hec apud Lugdunum, anno ab Incarnatione Domini M°.C°.LXXX°VIIII°, indictione VII³, mense febroario, feria VI³, luna II³. Testes sunt Pontius Novellus, Hugo Bergers, Bernardus de Carreles, Willelmus Artaldi, fratres Vallis Sancte Marie, in quorum manu hec traditio facta est; Dalmacius senescalcus Lugdun., Stephanus decanus, Gilinus de Sal, Hugo de Podio, Petrus Beraldus, Willelmus Quarpinelli, canonici Lugdunenses; Humbertus de Mirabel, Ismido de Cordum, canonici Viennenses; Petrus de Mayse, Petrus de Varaso, Petrus Pineti, canonicus Diensis; Pontius Monachi, Willelmus prior Sancti Medardi. Sciendum preterea quod ego Petrus, divina gratia Divion. abbas, et fratres nostri eodem anno, eodem mense, proxima IIII³ feria, consistentes in capitulo nostro apud Divion., quod camerarius noster fecerat, recognoscendo approbavimus et sigillis nostris presentem cartam insigniri mandavimus. Sigillis quoque predictorum venerabilium archiepiscoporum Lugdun. ac Vienen. et domini Rotberti Diensis episcopi et capituli ejusdem eam similiter roborari voluimus, ut suum omni tempore vigorem habeat et a nemine hominum aliquo tempore valeat infirmari. Testes sunt : Martinus prior, Aymo cantor, Ebalus subprior, Valterius helemosinarius, Bernardus custos corporis sancti, Vido Arcus, Valterius Chathalan'. Prenominati etiam fratres Vallis Sancte Marie, Hugo Bergers et Bernardus de Carreles et Willelmus prior Sancti Medardi. Postremo sciendum est quod Ademarius Pictaven. precibus fratrum Vallis Sancte Marie, remisit nobis procurationem quam se dicebat habere in domo nostra de Monte Madrio, et litteras hujus remissionis sigillo suo signatas nobis dedit. Dominus quoque Lantelmus Valentin. episcopus remisit jam dicte domui nostre usaticum quod habebat in portis Valentie ; precibus ; eorum ; similiter ;

VII

Diplôme de Philippe, roi des Romains

Aix-la-Chapelle, 1" juin 1208.

L'original en parchemin mesure trente-deux centimètres en longueur sur quarante-quatre en hauteur. La première ligne et le Signum sont en majuscules. A droite de sa signature, le monogramme du prince. Trace de sceau sur lacs de soie rouge. Au dos : Privilegium imperiale... a domno Philippo imperatore super concessione pedagii et contra cives ne ipsum impediant, et super purgatione argenti.

Texte incorrect publié par Barth. HAURÉAU dans Gallia christ. nova, t. XVI, instr. c. 111-3.

C : IN NOMINE SANCTE ET INDIVIDUE TRINITATIS, PHILIPPUS SECUNDUS DIVINA FAVENTE CLEMENTIA ROMANORUM REX ET SEMPER AUGUSTUS. De puro fonte tocius pietatis et justicie, in quo sedem suam fundavit equitas regalis magnificencie, indefficiente meatu regie equitatis non cessant effluere vene ; sub congruo tamen varietatis moderamine, ita videlicet ut hiis quibus innocencie vere favor arridet et alludit, veritatis sue causa suffragari videatur ; hiis vero in quibus culpe nota perpendi potest, condigna pro reatu pena infligatur. Inde est quod nos, cum ex officio regie maigestatis ad devios injuriarum amfractus nunquam declinare noverimus, sed in juris plenitudine animum nostrum depascentes, per semitas justicie deambulare decreverimus, omnibus etiam hiis quibus juris et equitatis norma patrocinari videtur, propicias regie maigestatis aures accommodari semper volumus. Sane quia dilectum fidelem nostrum Umbertum Valentin. episcopum justam et honestam ecclesie sue causam, amminiculante sibi vero jure et equitate, peragere cognovimus, nec aliquid quod juri foret absonum et contrarium ipsum postulare velle credimus. Notum facimus universis tam presentis etatis quam in evum successure posteritatis hominibus, quod nos animadvertentes sinceram fidem pariterque devotionem quam memoratus episcopus semper exhibere nobis consuevit et Domino dante inposterum nobis est exhibiturus, in retributionem fidelitatis sue, de mera liberalitate nostra beneficium pedagii sibi et omnibus ejus successoribus donamus, concedimus atque confirmamus, secundum quod in aliis autenticis nostris sibi antea concessis enucleatius reperitur expressum. Et quia litteras nostras speciales civibus Valentin. super hoc direximus, ne ipsi super beneficio pedagii jam dicto episcopo rationabiliter a nobis concesso vexarent vel inquietarent eum, audivimus et veraciter intelleximus quod ipsi cives contra formam mandati regii nichilominus in possessione et perceptione pedagii ipsi episcopo resistebant. Verum, quia regalibus sanctionibus nulla contradictionis obviare debet seu potest nota, quominus debita et consueta gaudere debeant efficacia. De consilio principum nostrorum, in presentia quorum hec plenius questio fuit ventilata, diffinitivam sentenciam dedimus in hunc modum, ut nec cives Valentini nec alii quicunque super pedagio querimoniam moventes de cetero audiantur, ob reverentiam regie constitutionis perpetuum ipsis de querimonia pedagii silencium imponentes. Item, quia in civitate Valentina quilibet argentum pro voluntate et utilitate sua purgabat et examinabat, et talis purgatio in dampnum tocius provincie redundabat, ut talis provincie illius jactura decetero sit sopita, donamus atque concedimus dicto episcopo et ejus in evum successoribus examinationem argenti ; regia auctoritate inhibentes, ne cuiquam in civitate Valen. vel in ejus suburbiis licitum sit argentum examinare, nisi tantum illi cui episcopus vel aliquis de suis successoribus indulserit atque concesserit. Statuentes et regia auctoritate districte precipientes, ut nulli unquam persone alte vel humili, ecclesiastice vel seculari hanc nostre donationis seu confirmationis paginam licitum sit infringere seu aliquo ei temeritatis ausu obviare; quod qui facere presumpserit, centum libras auri examinati componat, quarum medietas fisco nostro, reliqua vero medietas injuriam passis persolvat. Ut autem hec donatio atque confirmatio nostra Valen. ecclesie firmiter et inviolabiliter in evum observetur, presentem exinde paginam conscribi et regie maiestatis karactere jussimus consignari. Testes autem hujus rei sunt Johannes Treverensis archiepiscopus, Cunradus Spirensis episcopus, Heinricus dux Brabancie, dux de Limburc et filii sui, comes de Loos, comes de Hoistaden, comes Adolfus de Montibus, comes de Kassele, Heinricus de Duna, Cunradus de Bohpardia et alii quam plures.

SIGNUM DOMINI PHILIPPI SECUNDI
ROMANORUM REGIS INVICTISSIMI

Acta sunt autem hec anno ab Incarnatione Domini M°. CC°. VIII°, regnante domino Philippo Romanorum rege glorioso, anno regni ejus XI°. Datum Aquis Grani, kalendis junii, indictione XI.

VIII

Diplôme de l'empereur Frédéric II

Crémone, novembre 1238.

Original parchemin, mesurant quarante-six centimètres en largeur sur cinquante-sept et demi en hauteur; 40 lignes, dont la première et le Signum en majuscules. Traces de bulle pendante sur lacs de soie rouge et jaune. Au dos : Privilegium secundum ad imperatore concessum ecclesie et civitati Valentie.

Variantes au texte publié par Barth. HAURÉAU dans la Gallia christiana nova (1865), t. XVI, instr. c. 113, ligne 1, Fridericus ; 2, d. favente c. ; 7, forcius ; 8, eund. ; 11-2, et cons. ; c. 114, l. 3-4, Valentine et tocius ; 5, inclite r. Frid. ; 6, constiterit ; 9 aput B. nono kal. ; 10, indict. quinta ; 11, millesimo centesimo quinquagesimo septimo... Frid. ; 17, imp. ; 18, territorio et quicq. ; 22, stratas ... telonea ; 24, silvas ; 29, quasdam ; 31, a-iciis ; 32, Montilii ; 34, Fiantiaci ; 36, reoli ; 38, Alisii ; 41, Pellafolli ; 43, Augustudini ; 45, Confluenti ; 50, Valentinis ; 55, ad., hom. ; 62, jurisdit. ; 69, Yzaræ ; 70, Montilii... Creste ; 72, stratam pupl. ; 75, sancti-mus ; c. 115, l. 1, p. universi s. ; 8, ferro ; 13, vel al. ; 15, aliquando c. ; 18, t. illic presidebit ; 21, interdiximus ; 24, alienare vel in ; 26, ferre... t. illud in ; 38, Frid. ; 40, tamq... p. c. ; 46, el. et s. ejus ; 47, quando ; 50, contigerit ; 56, set ; 57, inconcussa ; 58, accomo. ; 61, Nulla ; 62, tir. ; 64, hiis ; 68, sancti. ; 75, obt. ; c. 116, l. 3, p-dam ; 7, tip. ; 9, J. Werc. ; 10, G. Lun. ; 12, magister ; 14, Mala Spina ; 15, Frid. ; 17, gusti, Jerusalem et Sicilie regis ; 18-20, Dominice Incarnationis millesimo ducentesimo tricesimo octavo... duodecime indictionis... Frid... ; 25, Datum apud Cremonam, anno, mense et indictione prescriptis.

www.ingramcontent.com/pod-product-compliance
Lightning Source LLC
Chambersburg PA
CBHW060509050426
42451CB00009B/898